Investment Academy
Daytrading für Beginner

Daytrading für Beginner

Schritt für Schritt zum erfolgreichen Daytrader

Ein Buch der Investment Academy

Börse & Finanzen Band 3

Achtung: Dieses Buch ist lediglich eine Einführung in die Thematik. Und stellt keine Finanz- oder Anlageberatung dar. Der Handel mit Wertpapieren sowie andere Investments unterliegt immer ein gewisses Verlustrisiko.

Impressum:

BN Publishing

© Investment Academy 2021

ISBN 978-7-9911-5868-2

Inhaltsverzeichnis

Daytrading für Beginner	3
Einführung	8
Die Entwicklung	12
Welche Börsen gibt es?	14
Die Wertpapierbörsen	14
Die Devisenbörsen	15
Die Warenbörsen	16
Die Terminbörsen	17
Welche Finanzprodukte gibt es?	18
Aktien	18
CFD	20
Devisen	21
Binäre Optionen	22
Pennystocks	24
Der Aktienkurs	26
Was beeinflusst die Kurse?	29
Die wirtschaftliche Situation	29
Die politische Situation	31
Die psychologischen Faktoren	33

Die Nachrichten	34
Die Aktienanalyse	36
Die technische Analyse	38
Die Fundamentalanalyse	40
Empfehlungen aus dem Internet	42
Wann ist der ideale Einstiegszeitpunkt?	44
Die Trendfolgestrategie	47
Informationen für Börseneinsteiger	54
Die Typ-Analyse	54
Die Gier nach dem großen Gewinn	55
Informationen und Wissen erhalten	57
Die Gebühren	58
Wie wird man erfolgreicher Daytrader?	60
Tipps und Tricks	64
Wenn das Hobby zum Beruf wird	68
Auf der Suche nach dem richtigen Broker	76
Das Fazit	82
Weitere Bücher der Investment Academy	84
Über die Autoren	85

Einführung

Daytrading beschreibt Börsengeschäfte, also Käufe und auch Verkäufe von Werten, die innerhalb eines Tag durchgeführt werden. Somit handelt es sich um Positionen, die eröffnet und kurze Zeit später wieder geschlossen werden. Das Ziel? Der Daytrader will innerhalb kürzester Zeit von Kursveränderungen profitieren und am Ende einen Gewinn verbuchen. Doch warum soll die eröffnete Position noch am selben Tag geschlossen werden? Der Daytrader will "Gaps", also nicht zu kalkulierende Kurslücken, vermeiden, die dann möglich sind, wenn die Position über die Nachtstunden gehalten wird. In der Regel befasst sich der Daytrader mit sehr derivativen Finanzprodukten (Preis und Entwicklung hängen von einem anderen Finanzprodukt - etwa einer Aktie [Basiswert] - ab), die zudem hoch gehebelt werden (vorwiegend Forex oder CFD - Kapitel: "Welche Finanzprodukte gibt es?"). So ist es möglich, dass selbst kleine Kursänderungen einen hohen Gewinn (aber natürlich auch Verlust) bedeuten. Steigt eine Aktie um 3 Prozent, so wäre mit einem Long-CFD ein Gewinn von 60 Prozent möglich; umgekehrt müsste der Daytrader, wenn der Aktienkurs um 3 Prozent fällt, einen Verlust von 60 Prozent akzeptieren. Natürlich muss der Daytrader vermehrt auf aktuelle Meldungen achten oder sich mit unterschiedlichen Aktienanalysen befassen, sodass er auch weiß, ob und wann Kursveränderungen möglich sind (Kapitel: "Welche Faktoren beeinflussen den Aktienkurs?"). Natürlich lassen sich - vor allem Anfänger - gerne von den hohen Gewinnmöglichkeiten blenden. Wer sich für Daytrading entscheidet, der muss aber auch die Schattenseiten berücksichtigen: Daytrader können zwar hohe Gewinne verbuchen, müssen aber immer wieder Verluste dokumentieren. Fakt ist: Es gibt keinen Daytrader, der immer erfolgreich ist - auch "sichere Strategien" und "Tipps" garantieren keine Gewinne (Kapitel: "Die Trendfolgestrategie").

Zu berücksichtigen ist die Tatsache, dass Daytrading - vor allem innerhalb der Branche - sehr umstritten ist. Einige Experten sprechen von einem "Geheimtipp" und der Möglichkeit, dass "innerhalb weniger Stunden die finanzielle Freiheit möglich ist", andere Experten sind der Ansicht, dass es sich um ein spekulatives und sehr riskantes Geschäft handelt, das keinesfalls einem Anfänger empfohlen werden kann. Die Wahrheit liegt, wie beinahe immer, irgendwo in der Mitte.

Daytrader brauchen ein gutes Equipment. Schlussendlich ist die Geschwindigkeit der wichtigste Faktor. Einerseits muss der Daytrader schnell sein, andererseits müssen auch die Geräte, die für den Handel verwendet werden, eine durchaus hohe Verarbeitungsgeschwindigkeit möglich machen. Doch auch wenn die Geschwindigkeit eine große Rolle spielt, so ist auch die Broker-Plattform von erheblicher Bedeutung (Kapitel: "Auf der Suche nach dem richtigen Broker"). All jene Faktoren haben aber keinen Einfluss, wenn der Daytrader die börslichen und wirtschaftlichen Zusammenhänge nicht versteht, mitunter noch keine Erfahrungen sammeln konnte und vorwiegend auf sein Bauchgefühl vertraut. Nur dann, wenn die Signale schnell und auch richtig erkannt werden, besteht zumindest die Möglichkeit, dass der Daytrader erfolgreich wird und in weiterer Folge auch erfolgreich bleibt.

Die Entwicklung

Daytrading gibt es genauso lange wie die handelbaren Wertpapiere und somit auch genauso lange wie die Börsen. Doch in der Vergangenheit haben sich nicht viele Anleger für das Daytrading interessiert, weil es mit der heutigen Variante keinesfalls verglichen werden kann. Die heutige Daytrading-Variante entstand mit dem technischen Fortschritt und der ständigen Weiterentwicklung des Computers. Es war vor allem der Computer, der das Daytrading komplett revolutioniert hat. In den 1970er Jahren bestand erstmals die Möglichkeit, dass auch mit dem Computer Positionen eröffnet und geschlossen werden konnten. Damals gab es aber nur wenige Anleger, die dieses neuartige Instrument nutzten. Somit war es nur wenigen institutionellen Anlegern möglich, die Vorteile des Daytradings zu nutzen. Heute ist der computerisierte Börsenhandel aber ein fixer Bestandteil - ein Grund, warum es heutzutage auch immer mehr Menschen gibt, die sich für die Börse interessieren. Wer zum Daytrader werden will, der braucht nur einen Computer und einen Internetanschluss. Die letzte Hürde ist Mitte der 1990er Jahre gefallen - durch eine Gesetzesänderung war es auch Privatinvestoren möglich, endlich zu Daytradern zu werden. Ein Vorteil? Nicht ganz. Auch wenn Daytrading einige Vorteile mit sich bringt, so lassen sich - vor allem viele Anfänger - von den möglichen Gewinnchancen blenden. Studien haben bereits gezeigt, dass 90 Prozent der Daytrader scheitern. Doch was machen jene 10 Prozent, die als Daytrader erfolgreich sind, anders?

Sie holen Informationen ein, befassen sich mit den unterschiedlichen Möglichkeiten und haben sich für eine Strategie entschieden, die zwar nicht immer zum Erfolg führt, jedoch dafür sorgt, dass die Verluste begrenzt werden. Denn jeder Anleger, der zum Daytrader werden will, muss sich zu Beginn klar sein, dass nicht nur Gewinne eingefahren werden: Verluste gehören - und das muss jeder Daytrader lernen - einfach dazu. Am Tagesende müssen die Gewinne nur höher als die Verluste ausgefallen sein - erst dann kann von einem Erfolg gesprochen werden (Kapitel: "Wir wird man zum erfolgreichen Daytrader?").

Welche Börsen gibt es?

Die Wertpapierbörsen

An Wertpapierbörsen, die auch gerne als Aktienbörsen bezeichnet werden, dreht sich alles - wie der Name bereits vermuten lässt - um Aktien oder auch Anleihen. Zu den weltweit größten Wertpapierbörsen zählen die Nasdaq, die New York Stock Exchange und auch die Tokio Stock Exchange. Die Börse ist vor allem für Aktionäre interessant - so für Investoren mit einem langen Anlagehorizont oder auch für Daytrader.

Die Devisenbörsen

An den Devisenbörsen wird mit Devisen gehandelt. Devisen, das sind ausländische Währungen, gibt es in verschiedenen Ausprägungsformen. So gibt es Devisen als Bankguthaben, als Schecks oder auch als Wechsel. Die Marktteilnehmer sind vorwiegend Großbanken. Devisenbörsen gehören - mit Abstand - zu den liquidesten Teilbereichen, die auf den Finanzmärkten zu finden sind. Doch nicht nur Banken befassen sich mit dem Devisenmarkt - auch Unternehmen sind hier stark vertreten. Vor allem Unternehmen, die auch global tätig sind und Waren exportieren, sind dem tagtäglichen Devisenrisiko ausgesetzt. Schlussendlich finden regelmäßige Preisbildungen und auch Preisveränderungen statt - etwa dann, wenn bestimmte Landeswährungen stärker gefragt oder mitunter mit einer sinkenden Nachfrage zu kämpfen haben.

Die Warenbörsen

Die Warenbörsen, die allerersten Börsen der Welt, grenzen sich sehr wohl von allen anderen Börsen ab, da hier nur fungible (leicht austauschbare) Werte gehandelt werden - also vorwiegend Rohstoffe oder auch Nahrungsmittel.

Die Terminbörsen

An den Terminbörsen werden - auch hier ist der Name Programm - Termingeschäfte gehandelt. Mitunter sind die Waren- und Terminbörsen sogar gemeinsam anzutreffen. Das liegt wohl an dem Umstand, weil viele Waren Derivaten zugrunde liegen, die in weiterer Folge auch den Basiswert darstellen. Reine Termin- oder Warenbörsen gibt es kaum; in der Regel handelt es sich daher immer um Warenterminbörsen.

Welche Finanzprodukte gibt es?

Aktien

Aktien (Wertpapiere) sind Anteile am Eigenkapital des börsennotierten Unternehmens (Aktiengesellschaft - kurz: AG). Bei einer AG handelt es sich um eine Unternehmensform, wobei sich in der Regel nur größere Konzerne für eine derartige Rechtsform entscheiden. Werden Aktien an der Börse ausgegeben, so beschafft sich das Unternehmen mehr Kapital. Des Weiteren ist die AG eine Rechtspersönlichkeit - muss das Unternehmen Konkurs anmelden, so wird für die Haftung nur das Aktienkapital herangezogen. Der Geschäftsführer haftet also nicht mit dem eigenen Vermögen. Wird das Wertpapier an der Börse gehandelt, so kann dieses - zum aktuellen Kurs - erworben werden. Der Aktienkurs, der (unter anderem) durch Angebot und Nachfrage beeinflusst wird, bewegt sich ständig, sodass sich der Käufer immer wieder die Frage stellen muss, wann der richtige Zeitpunkt für den Erwerb eintritt (Kapitel: "Wann ist der ideale Einstiegspunkt?"). Wer eine Aktie besitzt, der erhält folgende Rechte: Der Aktionär hat ein Recht auf Gewinnausschüttung (sogenannte Dividende), hat ein Recht am Liquidationserlös (sofern das

Unternehmen Konkurs anmeldet) und hat auch ein Stimmrecht bei Aktionärshauptversammlungen. Eine Aktie bedeutet eine Stimme. Wenn Aktien gekauft werden, so hofft der Aktionär, dass es in naher Zukunft stabile oder auch steigende Dividendenausschüttungen gibt und die AG ihren Umsatz steigert, sodass es zu einem höheren Gewinn kommt - in weiterer Folge würde dann auch der Aktienkurs steigen. Erwirbt der Anleger 1.000 Aktien für 3,00 Euro/Wertpapier, so hat er 3.000 Euro in das Unternehmen investiert. Steigt der Aktienkurs auf 6,50 Euro/Wertpapier und folgt eine Dividendenausschüttung in Höhe von 1,10 Euro/Wertpapier, so ergibt sich - wenn der Anleger die Aktien verkauft - ein Gewinn von 3.600 Euro (die Dividende beläuft sich auf 1.100 Euro, die 1.000 Aktien würden um 6.500 Euro verkauft werden; abzüglich der Investitionssumme würde somit ein Reingewinn von 3.600 Euro [exklusive Transaktionsgebühren] verbucht werden).

Zu beachten ist, dass es sich hier aber um eine langfristige Veranlagung handelt; Daytrader befassen sich keinesfalls mit Dividenden - sie spekulieren nur mit Kursgewinnen, die innerhalb von Sekunden, Minuten oder Stunden stattfinden.

CFD

"Contracts for Difference", die Differenzkontrakte, kurz: CFD, sind ein Derivat. Das heißt, dass der Wert von mehreren Basiswerten abhängt; in weiterer Folge sorgen die Basiswerte auch für die weitere Wertentwicklung des Derivates. Entscheidet sich der Anleger für CFDs auf den DAX, so hat der DAX einen Einfluss auf die Entwicklung des Differenzkontraktes. Die simple Idee stammt übrigens aus England: Der Trader bezahlt nur einen Bruchteil des tatsächlichen Aktienpreises, profitiert jedoch vollständig vom Kursgewinn - er fährt aber auch den vollständigen Verlust ein, wenn der Kurs nach unten geht. In den letzten 10 bis 15 Jahren haben sich immer mehr Anleger von Differenzkontrakten begeistern lassen. Schlussendlich sprechen CFDs auch Daytrader an: Geringe Investitionssumme, einfaches Konstruktionsprinzip, hohe Gewinnchancen - des Weiteren müssen die Privatanleger nur niedrige Zugangshürden überwinden, sodass all jene, die ein Konto bei einem Broker besitzen, mit CFDs handeln können. Genau das macht die Sache auch extrem gefährlich: Viele Daytrader, die sich für CFDs entschieden haben, vergessen oft die Gefahren - hohe Hebeleffekte können zwar für enorme Gewinne sorgen, jedoch kann sich der Markt auch in die komplett andere Richtung bewegen, sodass es zu einem Totalverlust kommen kann. Wer 1.000 Euro investiert, der kann gut und gerne 100.000 Euro bewegen; selbst kleine Kursbewegungen, die für langfristige Anleger keine erwähnenswerte Bedeutung spielen, sorgen für extrem hohe Gewinne oder Verluste.

Devisen

Der Devisenhandel (Fachjargon: Forex Trading) beinhaltet den Handel mit Fremdwährungen - also Devisen. Zu beachten ist, dass es den Devisenmarkt ausschließlich online gibt; der Handel findet also an keinem bestimmten Ort statt. Aufgrund der Tatsache, dass mit Devisen - in recht kurzer Zeit - hohe Gewinne verbucht werden können, interessieren sich auch immer wieder Daytrader für diese spezielle Art des Tradings. Auch hier gibt es, wie etwa beim Handel mit CFDs, Hebel, sodass nur geringe Einsätze notwendig sind, damit am Ende hohe Gewinne entstehen. Doch die Risiken dürfen keinesfalls unterschätzt werden: Daytrader, die sich für den Devisenhandel interessieren, können zwar hohe Gewinne erzielen, müssen sich aber auch immer bewusst sein, dass es auch zu einem Totalverlust kommen kann.

Binäre Optionen

Binäre Optionen (werden mitunter auch als digitale Optionen bezeichnet) gehören zu den neuesten Finanzinstrumenten - hier profitieren die Trader von steigenden und auch von den fallenden Kursen. Am Ende ist nämlich nur von Bedeutung, ob der Trader auf einen fallenden oder steigenden Kurs "gewettet" hat. Auch binäre Optionen sind für Daytrader interessant - die Daytrader können schon mit geringen Einsätzen einsteigen und dürfen sich, wenn sie mit ihrer Einschätzung richtig liegen, auf recht stattliche Gewinne freuen. Aufgrund der Tatsache, dass der Handel mit binären Optionen ziemlich einfach ist, interessieren sich auch viele Anfänger für diese Trading-Variante. Schon die Bezeichnung "binär" lässt erahnen, dass hier ein einfaches Funktionsprinzip im Mittelpunkt steht: Es gibt zwei Zustände - entweder befindet sich die Option "im Geld" oder ist "aus dem Geld" ("1" und "0"). Ist der Trader der Ansicht, dass der Kurs steigt, so erwirbt er eine Call-Option. Glaubt der Trader jedoch, dass der Kurs fällt, so kauft er eine Put-Option. Damit der Trader am Ende einen Gewinn verbuchen kann, muss der Kurs höher (Call-Option) oder tiefer (Put-Option) notieren als zum Einstiegszeitpunkt. Zu beachten ist, dass es unterschiedliche Laufzeiten gibt, die der Trader im Vorfeld definieren kann. Je kürzer die Laufzeit, umso höher der mögliche Gewinn - je höher der mögliche Gewinn, umso größer ist das Risiko, dass der Trader seinen Einsatz verliert. Um mehr Informationen zu diesem Thema zu erhalten, sehen Sie dazu auch das Buch *„Optionsstrategien für Beginner: Schritt für Schritt vom Anfänger zum Profi in Sachen Binäre / Binary Optionen, Futures und Termingeschäfte - Lerne Strategien, Risikomanagement & die korrekte Auswahl"* der *Investment Academy* ein.

Pennystocks

Pennystocks sind Aktien, die einen Wert unter einem Euro oder unter einem Schweizer Franken haben. In den Vereinigten Staaten werden jene Aktien als Pennystocks bezeichnet, die unter 5 US-Dollar notieren. Derartige Einstiegspreise sprechen vor allem Anfänger an. Schlussendlich erwirbt der Anleger, wenn er sich für Pennystocks entscheidet, eine große Anzahl an Wertpapieren. Liegt der Kurs bei 0,85 Cent, so sind das - wenn der Trader 1.000 Euro investiert - rund 1.170 Wertpapiere! Das Problem? Pennystocks haben oft eine hohe Volatilität (Schwankungsbreite). Das heißt, dass es zu extremen Kursschwankungen kommen kann - an einem Tag steigt der Kurs um 50 Prozent, am nächsten Tag fällt der Kurs um 50 Prozent (oder mehr). Wer in Pennystocks investiert, der muss damit rechnen, dass sogar ein Totalverlust möglich ist. Doch genau derartige Kursschwankungen sind vor allem für Daytrader interessant. Ist der Daytrader der Ansicht, dass der Kurs nach oben gehen wird, so kann er von dem kurzfristigen Kursanstieg profitieren - da er die Aktie aber nicht über die Nachtstunden hält, braucht er auch keine Angst vor einem Verlust haben, der am nächsten Tag möglich ist. Problematisch wird die Sache nur dann, wenn statt dem Kursgewinn ein

Absturz folgt - die Wahrscheinlichkeit, dass der Verlust dann durch dieselbe Position ausgeglichen wird, ist gering.

Der Aktienkurs

Die Aktien werden zu unterschiedlichen Preisen gehandelt. Zu beachten ist, dass der Aktienkurs in einer bestimmten Währung angezeigt wird - deutsche Aktien werden in Euro angegeben, US-Aktien in US-Dollar. Einerseits gehen die Aktienkurse nach oben, andererseits können die Kurse auch fallen - in der Regel können die Aktienkurse sehr wohl mit den Benzinpreisen an den heimischen Tankstellen verglichen werden. Doch warum gehen die Aktienkurse einmal nach oben und dann wieder schlagartig nach unten? Natürlich werden die Kurse von Angebot und Nachfrage beeinflusst. Interessieren sich mehr Anleger für ein und dasselbe Unternehmen, so steigt der Preis - werden viele Aktien von einer Aktiengesellschaft verkauft, so fällt der Aktienkurs. Natürlich spielen auch die Erwartungen der Trader eine wesentliche Rolle: Erwarten sich die Anleger steigende Kurse, so wird es viele Kaufwillige geben - in weiterer Folge klettert der Aktienkurs in die Höhe. Gehen die Anleger aber davon aus, dass der Aktienkurs nach unten geht, so werden die Wertpapiere verkauft - der Aktienkurs stürzt ab.

Die Nachfragehöhe wird auch durch negative oder auch positive Unternehmensnachrichten beeinflusst. Verkündet die Aktiengesellschaft positive Nachrichten, so werden sich in weiterer Folge mehr Anleger für das Wertpapier des Unternehmens interessieren. Werden jedoch negative Nachrichten verkündet, so sinkt die Nachfrage. Genau deshalb sind die Präsentationen der Quartalszahlen oder Geschäftsberichte immer von großer Bedeutung - jene Veröffentlichungen haben nämlich einen enormen Einfluss auf die weitere Entwicklung des Aktienkurses. Doch hin und wieder können auch gute Umsatz- und Gewinnzahlen einen negativen Einfluss auf den

Aktienkurs haben. Waren die Erwartungen der Anleger nämlich höher, so sind diese keinesfalls zufrieden, wenn das Unternehmen Zahlen präsentiert, die schon im Vorfeld erwartet wurden; selbst dann, wenn der zu erwartende Gewinn eingetreten ist.

Natürlich haben auch Wirtschaft und Politik einen Einfluss auf die Aktienkurse. Vor allem Gesamtwirtschaftsentwicklungen, die jeder Anleger über die Tagesnachrichten verfolgen kann, sorgen oft für einen Anstieg oder Absturz. Zwei Beispiele: 2008, als die Finanzkrise ihren Höhepunkt erreichte, sind die Bank-Aktien abgestürzt; zwischen 2005 und 2007, als der sogenannte "Solarboom" entstand, schossen die Preise für die Solar-Aktien in die Höhe.

Was beeinflusst die Kurse?

Die wirtschaftliche Situation

Selbstverständlich hat die wirtschaftliche Gesamtsituation einen nicht zu unterschätzenden Einfluss auf die Aktienkurse. Blickt man neuerlich auf das Jahr 2008, so zeigt sich deutlich, was mit den Aktienkursen passieren kann: Die Finanzkrise hat die Aktienkurse in den Keller fallen lassen - die Wirtschaftsaussichten waren negativ, sodass immer mehr Menschen ihre Wertpapiere verkauften. Schlussendlich bedeuten negative Wirtschaftsaussichten, dass die Unternehmen weniger Umsatz lukrieren und somit einen geringen Gewinn erzielen. Kommt es sogar zu einem Verlust, so fallen die Aktienkurse der Gesellschaft. Doch die Wirtschaft hat nicht nur negative Auswirkungen auf die Aktienkurse: Sind die Aussichten positiv, so spekulieren viele Anleger mit höheren Umsätzen und auch mit höheren Gewinnen - übertrifft ein Unternehmen die eigenen Erwartungen (und die Erwartungen der Anleger und Beobachter), so wird auch in weiterer Folge ein Kursanstieg zu beobachten sein. Doch die Wirtschaft ist nur ein Teilbereich - es gibt sehr wohl auch andere Faktoren, die die

Aktienkurse beeinflussen und somit keinesfalls unterschätzt werden dürfen. Vor allem auch dann nicht, wenn man sich für das Daytrading interessiert. Während bei einem langfristigen Anlagehorizont Verluste ausgeglichen werden können, wenn man Geduld hat und der Meinung ist, der nächste Monat oder das nächste Jahr werden besser, so handelt es sich hier um Zeitspannen, die dem Daytrader nicht zur Verfügung stehen.

Die politische Situation

Selbstverständlich hat auch die politische Situation, ob im Inland oder auch im Ausland, Auswirkungen auf die Aktienkurse. 2001, das Jahr, in dem die Terrororganisation "Al Kaida" die USA angriffen und Terroristen mit zwei Passagiermaschinen in das World Trade Center flogen, kam es in weiterer Folge zu einer weltweiten Krise, die auch zu einer weltweiten Instabilität führte. Die Folge? Die Aktienkurse sind allesamt eingebrochen. Politische Krisen, auch das hat die Vergangenheit immer wieder gezeigt, haben sehr wohl negative Auswirkungen. Wäre die große Koalition in Deutschland vorzeitig durch die CDU/CSU oder SPD beendet worden, so wären wohl die Aktienkurse jener Unternehmen abgestürzt, die sich im DAX befunden hätten. Hätte Marine Le Pen die Präsidentschaftswahl in Frankreich gewonnen, so hätte dieser Sieg ebenfalls negative Auswirkungen auf die europäischen Börsen gehabt. Aber auch politische Entscheidungen, die nicht nur von den demokratisch legitimierten Parteien getroffen werden, können die Aktienkurse beeinflussen: Senkt die Europäische Zentralbank den Europäischen Leitzinssatz, so werden die Aktienkurse vorwiegend steigen; steigt der Europäische Leitzinssatz, so muss der Anleger davon ausgehen, dass die

Aktienkurse fallen. Bieten die Banken und Gesellschaften nämlich unattraktive Guthabenzinssätze an, die die Folgen eines niedrigen Leitzinssatzes sind, so investieren die Sparer lieber in Aktien. Steigen die Guthabenzinssätze jedoch, so entscheiden sich die Sparer für verzinsliche Geldanlagen und genießen mitunter die Sicherheit, wenn ihnen ein "garantierter Zinssatz" angeboten wird.

Die psychologischen Faktoren

Heutzutage darf man auch keinesfalls die psychologischen Faktoren ignorieren. Selbst diese beeinflussen die Aktienkurse! "Angst", das Schreckenswort an jeder Börse, lässt die Aktienkurse oftmals abstürzen. Hat der Anleger nämlich die Angst, dass sein Unternehmen, in das er investiert hat, nicht die Erwartungen erfüllen kann, so werden die Aktien - noch bevor es zum Kursabsturz kommt - verkauft. In vielen Fällen kommt es zu Panikverkäufen: Die Aktienkurse sinken, die Anleger verkaufen ihre Wertpapiere - in weiterer Folge fällt Kurs weiter, sodass noch mehr Anleger ihre Aktien verkaufen. Ein Teufelskreislauf, der oftmals gar nicht begründet werden kann, weil immer wieder andere Faktoren fehlen, sodass sich viele Analysten und Experten nicht erklären können, warum die Aktienpreise eines Unternehmens fallen. Natürlich kann sich der Markt auch in die komplett andere Richtung bewegen: Gerüchte, Ankündigungen oder sonstige Nachrichten, die positiver Natur sind, können die Stimmung der Anleger derart verändern, sodass diese in ein bestimmtes Unternehmen investieren. Somit kann es auch zu Kursanstiegen kommen, die ebenfalls nicht begründet werden können.

Die Nachrichten

Auch globale Ereignisse haben Auswirkungen auf die Aktienkurse. Nicht immer muss es sich um Nachrichten des Unternehmens handeln; hin und wieder genügen bereits Spekulationen oder Änderungen im Vorstand einer Aktiengesellschaft, die die Aktienkurse in die Höhe treiben oder in den Keller fallen lassen. Aus diesem Grund ist es wichtig, dass sich die Anleger - vor allem auch die Daytrader - im Vorfeld informieren, wann es Präsentationen zu Geschäftszahlen gibt. Geht der Daytrader davon aus, dass die Nachrichten, die vom Unternehmen verkündet werden, positiver Natur sind, so kann der Aktienkurs - innerhalb weniger Stunden - in die Höhe schießen. Selbstverständlich können auch Nachrichten über das Unternehmen veröffentlicht werden, die zwar nicht unbedingt der Wahrheit entsprechen müssen, jedoch dafür verantwortlich sind, dass die Aktienkurse fallen.

Hin und wieder, das wissen natürlich auch die Daytrader, hat man Pech, wenn Aktien erworben werden und in weiterer Folge Nachrichten dafür sorgen, dass der Kurs abstürzt. Doch natürlich können unvorhergesehene Nachrichten auch dazu führen, dass der Aktienkurs steigt, wenn mitunter die Mitteilung kommt, dass das Unternehmen wohl einen höheren Gewinn verbuchen konnte. Selbst Spekulationen, die mitunter gar nicht der Wahrheit entsprechen müssen, haben Auswirkungen auf die Aktienkurse.

Die Aktienanalyse

Natürlich gibt es, wie bereits erwähnt, zahlreiche Faktoren, die einen Einfluss auf die Aktienkurse haben. Der Anleger, ganz besonders der Daytrader, sollte sich aber nicht nur auf wirtschaftliche, psychologische oder politische Situationen und die dadurch entstehenden Auswirkungen konzentrieren - bevor Aktien erworben werden, ist auch eine Aktienanalyse durchzuführen. Das Ziel? Der Daytrader muss herausfinden, ob der Aktienkurs demnächst steigen oder fallen wird. Natürlich ist es mitunter nicht ganz so einfach, wenn man als Daytrader aktiv ist und darauf hoffen muss, dass der Aktienkurs innerhalb eines Tages steigt. Hier befinden sich vor allem jene Anleger im Vorteil, die sich für eine langfristige Investition entschieden haben. Den Tradern stehen mehrere Möglichkeiten zur Verfügung, wenn sie eine Aktie analysieren möchten. Beliebt sind die technische Analyse und auch die sogenannte Fundamentalanalyse. Beide Analysen haben Vor- und Nachteile; beide Analysen geben zudem einen Einblick, wobei das nicht bedeutet, dass am Ende genau gesagt werden kann, ob der Aktienkurs steigt oder fällt. Denn auch wenn die Analyse ergibt, dass der Kurs demnächst steigen wird, so gibt es noch immer die wirtschaftlichen, politischen oder auch psychologischen Faktoren (Kapitel: "Welche Faktoren beeinflussen die Aktienkurse"), die das Ergebnis einer Analyse verzerren können.

Die technische Analyse

Entscheidet sich der Anleger für die technische Analyse, so befasst er sich zunächst mit den zurückliegenden Kursentwicklungen; er wird auch auffällige Kursinformationen und Kursmuster berücksichtigen. In der Regel wird der Chart herangezogen - genau deshalb spricht man bei der technischen Analyse auch von einer "Chartanalyse" oder der sogenannten "Charttechnik". Auch im Zuge der technischen Analyse werden die kursbeeinflussenden Faktoren (betriebs- und auch volkswirtschaftliche Daten, politische Aspekte und auch die Psychologie der Marktteilnehmer) herangezogen. Im Rahmen der technischen Analyse geht der Trader davon aus, dass alle Ereignisse, die den Kurs beeinflussen, sich in den Notierungen niederschlagen. Schlussendlich handelt der Trader in der "Zukunft" - er muss also herausfinden, ob sich der Aktienkurs nach oben oder nach unten begeben wird. Natürlich entwickeln sich die Aktienkurse nicht zufällig - auch Trends, die immer wieder beobachtet werden, haben einen Ursprung. Hier berufen sich viele Anleger auf das erste Newtonsche Gesetz: Trends setzen sich immer solange fort, bis sie auf die Gegenkraft stoßen. Zudem sind viele Anleger der Meinung, dass sich die Geschichten oftmals wiederholen. Es kommt zu Grundmustern, die immer wieder auftreten und dafür verantwortlich sind, ob die Aktienkurse fallen oder steigen.

Die Fundamentalanalyse

Der Anleger konzentriert sich auf fundamentale Aktiendaten, sodass er in weiterer Folge zu der Entscheidung gelangt, ob er das Wertpapier kaufen oder - sofern er dieses schon besitzt - verkaufen soll.

Die Fundamentalanalyse ist zwar nicht unbedingt für Daytrader geeignet, kann aber durchaus eine Hilfe sein, wenn man die Sicherheit möchte, ob sich die Investition lohnen könnte. Im Zuge der Fundamentalanalyse wird etwa das Kurs-Gewinn-Verhältnis (KGV) berücksichtigt - eine, vor allem für Anleger mit einem längeren Anlagehorizont, sehr beliebte Kennzahl. Zu den weiteren Kennzahlen, die im Zuge einer Fundamentalanalyse berücksichtigt werden, gehören das Kurs-Cashflow-Verhältnis (KCV), das Kurs-Umsatz-Verhältnis (KUV) und auch das Kurs-Buchwert-Verhältnis (KBV). Auch die Dividendenrendite und die Eigenkapitalquote werden berücksichtigt und sollen am Ende Hinweise liefern, ob die Aktie gekauft oder verkauft werden sollte.

Zu beachten ist, dass es nicht immer die technische oder fundamentale Analyse sein muss. Viele Trader befassen sich mit beiden Analysen, sodass sie am Ende die Entscheidung treffen können, ob sich eine Investition lohnen wird oder nicht.

Empfehlungen aus dem Internet

Natürlich kann jeder Privatanleger eine eigene Aktienanalyse durchführen, damit er am Ende aussichtsreiche Wertpapiere findet. Jedoch sind viele Anleger überfordert, weil sie zahlreiche Börseninformationen, Zeit und auch Erfahrung benötigen. Auch Daytrader, die bereits schon mehrere Jahre im Geschäft sind, müssen nicht immer der Meinung sein, dass sie die Aktien richtig analysiert haben. Vor allem Anfänger, die sich erst seit kurzer Zeit mit der Thematik des Daytradings befassen, stoßen hier oft an ihre Grenzen. Eine Alternative sind Empfehlungen von Börsenexperten, die Aktienanalysen vornehmen und in weiterer Folge kostenlos (oder kostenpflichtig) veröffentlichen. So gibt es Informationen im Internet oder auch kostenpflichtige Tipps, die per E-Mail übermittelt werden. Problematisch ist hingegen die Tatsache, dass es - wie fast in jeder Branche - auch "schwarze Schafe" gibt. Daytrader sollten keinesfalls irgendwelchen "Spezialisten" vertrauen, die im Internet ihre "ganz sicheren Tipps" veröffentlichen.

Wichtig ist, dass der Anfänger, wenn er schon Aktienanalysen von Experten durchführen lassen möchte, sich nur an namhaften Größen orientiert. Eine weitere Möglichkeit sind auch Empfehlungen durch Banken. Vor allem größere Aktiengesellschaften werden gerne von verschiedenen Banken analysiert - so etwa von der Deutschen Bank, Morgan Stanley, der Commerzbank oder auch von Goldman Sachs oder Merrill Lynch. In der Regel gibt es hier die Empfehlungen "Halten" (neutrale Bewertung), "Kaufen" (positive Bewertung) oder "Verkaufen" (negative Bewertung). Derartige "Empfehlungen" finden sich im Internet oder auch in verschiedenen Fachzeitschriften. Der Daytrader muss sich aber bewusst sein, dass auch Banken nicht immer richtig liegen müssen. Wenn Morgan Stanley ein Unternehmen empfiehlt und meint, die Wertpapiere können problemlos gekauft werden, so heißt das nicht, dass der Aktienkurs automatisch steigen wird. Weitere Informationen erhalten Sie auch im kostenlosen Bonusinhalt. Den Zugang dazu finden sie am Ende des Buches.

Wann ist der ideale Einstiegszeitpunkt?

Der Daytrader wird sich vorwiegend mit Trends befassen. Doch wie ist es möglich, dass ein Trend rechtzeitig erkannt wird? Beispielsweise kann eine Analyse dabei helfen, wenn der Daytrader aktuelle Aktien- und Wirtschaftsdaten (also die Indikatoren) berücksichtigt: Er analysiert die Konjunktur- und Wirtschaftsindikatoren (Auftragseingänge, Leitzinsentwicklung, Gewinnprognose, Arbeitsmarktdaten, ifo-Geschäftsklimaindex, Ölpreis, Inflationsrate oder auch die Exportdaten), führt eine Fundamentalanalyse und/oder eine Chartanalyse durch und kommt am Ende zu dem Ergebnis, ob ein Trend bevorsteht oder mitunter schon eingetreten ist. Doch auch Trends können - genauso wie Aktienkurse - durch mehrere Faktoren ausgelöst und in weiterer Folge auch beeinflusst werden. Auch hier spielt die Psychologie der Anleger eine wesentliche Rolle. Werden die Aktienkurse durch Gerüchte in die Höhe getrieben, so kann es mitunter zu einem Trend kommen, sodass immer mehr Anleger in das Unternehmen investieren. Genau deshalb ist es wichtig, dass der Daytrader auch auf die Stimmung der Marktteilnehmer achtet - gehen die Aktionäre davon aus, dass der Aktienkurs des jeweiligen Unternehmens steigt oder sind sie der Meinung, dass es zu einem Kursabsturz kommt? Die Stimmung lässt sich anhand der zahlreichen Börsenmedien beobachten. Medien haben nämlich sehr wohl einen nicht zu unterschätzenden Einfluss auf die Entscheidungen der Anleger. Wird positiv berichtet, so kann von einem Anstieg des Aktienkurses ausgegangen werden; berichten die Medien vorwiegend negativ, so können mitunter auch Panikverkäufe die Folge sein. Natürlich sind auch politische Entscheidungen für Trends verantwortlich. Auch hier kann abermals auf die Solarbranche verwiesen werden. Das Erneuerbare-Energien-Gesetz (kurz: EEG), das im Jahr 2000 in Kraft getreten ist, garantierte in weiterer Folge höhere Solarstromförderungen. Auch die Unternehmen erhielten direkte Zuwendungen - so etwa Solarworld, die, nur zwischen den Jahren 2003 und 2011, 130 Millionen US-Dollar an staatlicher Unterstützung erhielten. Das Ergebnis? Die Solaraktien erlebten einen regelrechten Boom. Doch mitunter kann es auch Ereignisse geben, die im Vorfeld nicht vorhergesagt werden können. Terroranschläge und Naturkatastrophen können Aktienkurse abstürzen lassen, wobei es natürlich auch die Möglichkeit gibt, dass Sicherheits-Aktien in die Höhe schnellen. 2001, nachdem das World Trade Center angegriffen wurde, erlebten vor allem jene Firmen Kursgewinne, die sich auf Sicherheitsthemen spezialisiert haben. Auch neue und aussichtsreiche Technologien können Trends auslösen. Erneuerbare Energien, so etwa Solar, Windkraft, der 3D-Druck oder

Elektroautos, Smartphones oder Virtual Reality können sehr wohl in naher Zukunft dafür sorgen, dass jene Unternehmen profitieren, die derartige Technologien anbieten und dementsprechende Produkte vertreiben.

Fakt ist: Börsentrends gibt es immer wieder - problematisch ist nur die Tatsache, dass ein Trend oft zu spät erkannt wird, sodass der Anleger erst zum Ende des Trends aktiv wird. Mitunter werden die Aktien auch zu früh verkauft, weil der Trader der Meinung ist, der Trend sei demnächst vorbei; hält der Trend weiterhin an, so verhindert der Daytrader einen noch höheren Gewinn, weil die Angst vor einem möglichen Verlust gesiegt hat.

Die Trendfolgestrategie

"The trend is your friend" - eine extrem alte Börsenweisheit, die jedoch noch immer der Wahrheit entspricht und vor allem für Daytrader interessant sind. Besteht ein Trend, so ist die Wahrscheinlichkeit groß, dass sich dieser fortsetzt; die Wahrscheinlichkeit, dass der Trend einbricht oder eine Umkehr erlebt, ist gering. Vor allem dann, wenn der Daytrader die Position eröffnet und in wenigen Stunden wieder schließt. Doch auch wenn die Trendfolgestrategie eine hohe Trefferquote hat und somit durchaus hohe Gewinne möglich sind, so entscheiden sich viele Daytrader dennoch für die Chartanalyse. Doch die Chartanalyse, so interessant und hilfreich sie auch sein mag, führt immer wieder zu denselben Schwierigkeiten: Die Relevanz der Signale ist gering, es gibt nur sehr späte Ein- und auch Ausstiegssignale und es besteht eine geringe Signalhäufigkeit - am Ende können jene Schwierigkeiten dazu führen, dass der Daytrader eine falsche Entscheidung trifft.

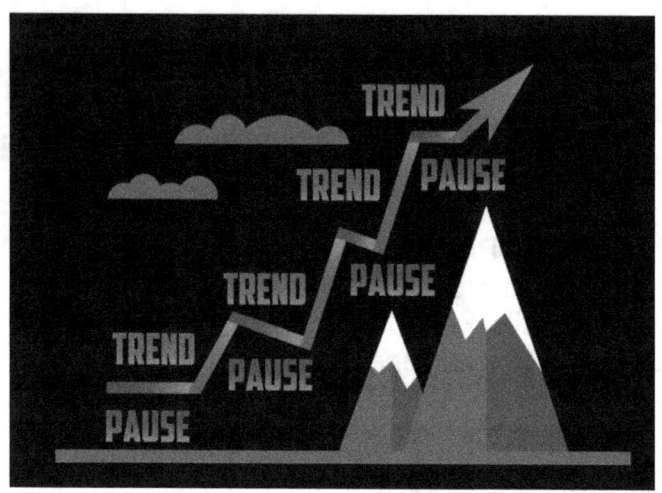

Relevanz: Der Daytrader muss damit rechnen, dass er sehr wenige Signale erhält, die am Ende aber bei der Entscheidung helfen sollten, ob er ein bestimmtes Wertpapier kaufen oder verkaufen soll. Des Weiteren ist die Signalhäufigkeit sehr bescheiden, wenn sich der Daytrader nach den simplen Formationen (Trendkanäle und dergleichen) richtet oder nach möglichen Widerständen Ausschau hält.

Fakt ist: Mit dieser Methode ist die Wahrscheinlichkeit gering, dass der Daytrader langfristige Erfolge verbucht.

Ein- und Ausstiegssignale: Viele Chart-Formationen generieren erst dann Einstiegs- und Ausstiegssignale, nachdem zahlreiche Bedingungen erfüllt wurden - am Ende kommt es erst dann zu Signalen, wenn der Aktienkurs weit weg von lukrativen Extremwerten ist. Somit verschlechtert sich in weiterer Folge auch das Ertragsprofil der einzelnen Signale - das hat natürlich wieder einen Einfluss auf die Trefferquote.

Frequenz der Signale: Erfolgversprechende Chartformationen sind nur sehr selten zu beobachten, da im Vorfeld mehrere Bedingungen erfüllt werden müssen. Bleiben ein paar Voraussetzungen aus, so wird das Signal unbrauchbar - es kommt also zu Verlusten, weil sich der Daytrader, aufgrund der schwachen Frequenz, falsch entschieden hat. Vor allem dann, wenn die Positionen nach kurzer Zeit wieder geschlossen werden sollen, kann es zu fehlenden Signalen kommen.

Entscheidet sich der Daytrader also gegen die Chartanalyse, so besteht mitunter eine höhere Wahrscheinlichkeit, dass er auch die richtigen Entscheidungen treffen wird. Doch warum ist die Trendfolgestrategie so beliebt und mitunter auch erfolgreich? Die Wahrscheinlichkeit ist eben hoch, dass sich die Mehrheit der Anleger ident verhält. Ist also ein klarer Trend zu beobachten, so werden diesem Trend auch die anderen Marktteilnehmer folgen - es kommt also zu einer automatischen Fortführung der Bewegung. Der Daytrader folgt also der Masse und profitiert von der Tatsache, dass sich viele Marktteilnehmer für ein und dieselbe Aktie entscheiden. Doch auch wenn die Trendfolgestrategie durchaus empfehlenswert ist, so heißt das nicht, dass sie auch immer zum Erfolg führt. Wichtig ist, dass sich der Daytrader an sein striktes Money-Management hält und das Kapitalrisiko kontrolliert. Genau deshalb ist es wichtig, dass der Daytrader nie mehr als 5 Prozent des zur Verfügung stehenden Kapitals riskiert. Verfügt der Daytrader über 10.000 Euro, so sollte er keinesfalls mehr als 500 Euro investieren, wenn er die Position nach 60 Sekunden schließen möchte.

Der Vorteil für Anfänger? Das Risiko ist, wenn sich der Daytrader für die Trendfolgestrategie entscheidet, relativ gering. Einerseits weist die Trendfolgestrategie eine hohe Trefferquote auf, andererseits darf die Psychologie der Marktteilnehmer niemals unterschätzt werden. Die Tatsache, dass der Trend anhält, ist wahrscheinlicher als der Umstand, dass der Trend - innerhalb von Minuten - einbricht oder eine Umkehr erlebt ("the trend is your friend"). Die größte Herausforderung, die der Daytrader meistern muss? Er muss den Trend rechtzeitig erkennen. Ratsam ist hier die Verwendung eines Demokontos. Bevor der Daytrader also sein Kapital einsetzt, so sollte er sich im Vorfeld mit einem Demokonto befassen - das virtuelle Geld, das hier zur Verfügung gestellt wird, sorgt dafür, dass es gar kein Risiko mehr gibt. Der Daytrader kann Strategien ausprobieren und mitunter auch für sich selbst herausfinden, ob er Trends erkennt oder mitunter noch Erfahrungswerte sammeln muss, bevor er tatsächlich sein Vermögen investiert. Will der Daytrader im Vorfeld ein Demokonto verwenden, so muss er darauf achten, dass dieses auch vom Broker zur Verfügung gestellt wird (Kapitel: "Auf der Suche nach dem richtigen Broker").

Ist der Daytrader der Ansicht, dass er Trends erkennen kann, so sollte er zu Beginn keine hohen Beträge investieren. Natürlich mag das zu Beginn frustrierend sein, jedoch ist es wichtig, dass zuerst das Risiko gesenkt wird. Erwirbt der Daytrader 400 Aktien, wobei der Preis bei 4,20 Euro liegt, so hat er 1.680 Euro investiert. Steigt der Kurs in weiterer Folge auf 5,10 Euro, so gewinnt der Daytrader 360 Euro (exklusive Transaktionsgebühr). Hätte er 1.000 Aktien gekauft, so hätte er einen Gewinn in der Höhe von 900 Euro erzielt (exklusive Transaktionsgebühr). Wäre der Wert der Aktie aber auf 3,90 Euro gefallen, so hätte er bei 400 Aktien nur einen Verlust in der Höhe 120 Euro gemacht; bei 1.000 Aktien hätte der Daytrader einen Verlust in der Höhe 300 Euro verbuchen müssen. Natürlich sind das hier nur kleinere Beträge, doch gerade Anfänger sollten zu Beginn keine Unsummen setzen. Ganz egal, wie sicher der Trend erscheint - die Tatsache, dass jeder Trend eine Umkehr erleben oder einbrechen kann, darf niemals vergessen werden.

Die Beispiele zeigen auch, dass kein hohes

Startkapital erforderlich ist, wenn man sich für das Daytrading entscheidet. Mitunter genügen bereits 1.000 Euro (oder weniger), wenn man erst am Anfang steht und ausprobieren möchte, ob Trends erkannt werden oder nicht. Natürlich wird man mit derartigen Summen nicht reich werden, kann sich jedoch an die Materie herantesten und mitunter den ersten Schritt in die richtige Richtung machen.

Eine Trendfolgestrategie kann auch einfach mit Put- oder auch Call-Optionen abgebildet werden. Glaubt der Daytrader an einen Aufwärtstrend, so erwirbt er Call-Optionen; ist der Daytrader jedoch der Meinung, dass der Abwärtstrend anhält, so entscheidet er sich für Put-Optionen (Kapitel: "Welche Finanzprodukte gibt es? Binäre Optionen").

Fakt ist: Die Trendfolgestrategie hat sich bereits in der Vergangenheit mehrmals bewähren können; zudem handelt es sich um eine recht einfache Strategie, die vor allem auch Anfänger problemlos verstehen werden. Die einzige Herausforderung? Trends erkennen und nicht vorzeitig das Wertpapier verkaufen, nur weil man die Angst hat, dass der Trend einbrechen oder eine Umkehr erleben könnte. Die Trendfolgestrategie eignet sich hervorragend für Daytrader, weil Trends nur für einen gewissen Zeitraum bestehen - Anleger, die ihr Geld langfristig in Aktien investieren möchten, sollten sich daher unbedingt für eine andere Strategie entscheiden.

Informationen für Börseneinsteiger

Die Typ-Analyse

Bevor das erste Mal Aktien gekauft werden, sollte sich jeder Trader einmal Gedanken darüber machen, welches Ziel er verfolgt, welches Risiko er eingehen möchte und ob er auch der Meinung ist, dass er genug Informationen eingeholt hat, sodass er auch die verschiedenen Börse-Begriffe versteht. Sollen die Aktien für die Altersvorsorge herangezogen oder das Studium des Kindes finanziert werden, so sollte sich der Trader für ein langfristiges Investment entscheiden. Geht es aber um kurzfristige Gewinne, die mittels zur Verfügung stehenden Kapital generiert werden sollen, wobei ein möglicher Totalverlust keine gravierenden Folgen hätte, so kann sehr wohl das Daytrading-Konzept verfolgt werden.

Die Gier nach dem großen Gewinn

"No risk, no fun" - der Daytrader kann hohe Summen gewinnen, muss sich aber immer bewusst sein, dass sich der Markt auch in die komplett andere Richtung bewegen kann. In weiterer Folge kommt es zu Verlusten - selbst ein Totalverlust ist möglich. Problematisch ist natürlich der Umstand, dass viele Daytrader die Verluste mit höheren Einsätzen relativieren möchten. Wer 1.000 Euro verliert, der sollte aber keine 2.000 Euro investieren, damit er am Ende kein Minus verbuchen muss. Verluste gehören dazu - diese müssen akzeptiert werden.

"Sichere Tipps und Empfehlungen", die immer wieder im Internet zu finden sind und hohe Gewinne versprechen, sollten nicht dazu führen, dass eine Unsumme investiert wird, nur weil der Daytrader schon den "sicheren Gewinn" auf seinem Konto sieht. Bevor Positionen eröffnet werden, muss sich der Daytrader selbst die Frage stellen, welches Ziel er erreichen will. Eine weitere Frage, die unbedingt geklärt werden muss - wie hoch darf der Verlust sein? Ist die tägliche Verlustgrenze erreicht, so sollte der Daytrader den Tag für sich abhaken und keinesfalls höhere

Summen investieren, weil er den Verlust unbedingt ausgleichen möchte. Dieses Kunststück wird ihm in der Regel nämlich nicht gelingen.

Informationen und Wissen erhalten

Spätestens jetzt dürfte klar sein, was eine Aktie ist, warum Aktienkurse nach oben oder auch nach unten gehen und welche Strategie besonders empfehlenswert ist. Am Ende ist es wichtig, dass der Daytrader weiß, wie die Börse funktioniert und warum es Tage gibt, an denen Aktienkurse in die Höhe schnellen und mitunter Zeiten eintreten, die die Aktienkurse abstürzen lassen. Weitere Informationen erhalten Sie auch im kostenlosen Bonusinhalt. Den Zugang dazu finden sie am Ende des Buches.

Die Gebühren

Ein Thema, das vor allem Daytrader interessieren sollte: Gebühren. Ob Online-Broker oder Bank - am Ende sind für Depot und Trades Gebühren zu entrichten, die natürlich einen Einfluss auf die Rendite haben. Vor allem Daytrader, die mehrmals pro Tag Positionen öffnen und schließen, müssen diese Gebühren ganz besonders berücksichtigen. Viele Online-Broker bieten kostenlose Depots an; es gibt auch unterschiedliche Transaktionsgebühren, die im Vorfeld - im Rahmen eines Brokervergleichs - unbedingt verglichen werden sollten. Daytrader sollten sich vor allem für jene Broker interessieren, die ein kostenloses Depot zur Verfügung stellen und eine geringe Transaktionsgebühr verlangen (Kapitel: "Auf der Suche nach dem richtigen Broker").

Wie wird man erfolgreicher Daytrader?

"Kann man als Daytrader eigentlich Geld verdienen?"

"Ist Daytrader überhaupt ein Beruf?"

"Ist das nicht extrem gefährlich?"

Fragen, die wohl von Personen gestellt werden, die sich bislang nicht für den Finanzmarkt interessiert haben. Interessant ist die Tatsache, dass der Daytrader keine Ausbildung oder ein abgeschlossenes Studium benötigt, der Gesetzgeber aber dennoch der Ansicht ist, dass Daytrader einen richtigen Beruf ausüben. Schlussendlich kommt der Daytrader für seinen Lebensunterhalt auf - wer also genügend Geld verdient, damit er seine monatlichen Kosten abdecken kann, übt also in weiterer Folge einen Beruf aus.

Natürlich gibt es viele Mythen und Vorurteile, mit denen Daytrader zu kämpfen haben. Mitunter gibt es sogar ein paar Geschichten, die frei erfunden sind, jedoch die Basis bilden, warum man Daytrader werden wollte - und am Ende auch blieb. Leider gibt es aber noch immer genug Daytrader, die auch die Schattenseiten kennenlernen mussten und am Ende nur Verluste dokumentierten. Doch gibt es ein Geheimrezept oder goldene Regeln, damit man erfolgreich wird und auch bleibt? Zuerst sollten ein paar Mythen und Vorurteile beseitigt werden.

Mythos Nummer 1: Daytrader sind hyperaktive Gewinner, die Stunden vor dem Computer verbringen

Der Daytrader sitzt zehn oder mehr Stunden vor mehreren Bildschirmen, die allesamt nur Aktienkurse anzeigen; innerhalb von Sekunden werden Positionen eröffnet und wenig später geschlossen. Die Einsätze? Minimal. Mit 5 Euro werden am Tagesende 500 Euro oder mehr erzielt. Natürlich mag es Daytrader geben, die genauso agieren - sie gehören jedoch zur absoluten Ausnahme. Auch Daytrader, die vier-, fünf- oder gar sechsstellige Beträge setzen, sind am Ende nur sehr selten anzutreffen.
Der moderne Daytrader verbringt den Großteil des Tages in wartender Position und hofft, dass er einen Trend erkennt, der dazu führt, dass er einen Gewinn verbucht. Pro Tag werden in der Regel nicht mehr als fünf Geschäftsabwicklungen durchgeführt; die Tatsache, dass die Gewinne im dreistelligen Bereich liegen, ist - vor allem bei Anfängern - eher unwahrscheinlich. Vielmehr freut man sich, wenn am Ende des Tages ein Plus erzielt wurde - ganz egal, ob es 20, 50 oder 100 Euro sind (inklusive Transaktions-

gebühren).

Mythos Nummer 2: Daytrader sind reiche Alleingänger

Der Daytrader ist ein reiches Finanzgenie - er sitzt in seiner Villa, öffnet und schließt Positionen mit dem neuesten iPhone und trinkt vorwiegend teuren Wein. Natürlich mag es den einen oder anderen Daytrader geben, der diesen Traum tatsächlich lebt - in der Regel trifft man so einen Daytrader aber nicht an.

Wie sieht das richtige Leben des Daytrader aus?

Jeder Daytrader handelt anders - im Vordergrund steht natürlich die Individualität. Doch alle Daytrader üben den ein und desselben schweren und auch anstrengenden Beruf aus; Profi-Daytrader arbeiten in der Woche bis zu 60 Stunden, wobei sie nicht ständig Wertpapiere kaufen und wenig später wieder verkaufen. In erster Linie befassen sie sich mit Nachrichten aus der Wirtschafts- und Finanzwelt, passen ihre Strategien an und versuchen am Ende des Tages einen Gewinn zu verbuchen. Zudem muss der Daytrader darauf achten, dass seine technische Ausrüstung auf dem neuesten Stand ist und muss sich auch um die Steuern kümmern, die im Zuge der Gewinne zu bezahlen sind. Der Daytrader steht sehr wohl unter Druck: Jede Entscheidung, die sich am Ende als falsch herausstellt, kostet Geld - nur dann, wenn er am Ende des Monats derart viel Geld verdient hat, dass er auch seine monatlichen Lebenshaltungskosten bezahlen kann, wird er zufrieden sein. Daytrader üben einen Ganztagesjob aus, der durchaus frustrierend werden kann, wenn ein paar Positionen nicht den gewünschten Erfolg bringen.

Tipps und Tricks

Emotionen? Abschalten!

Emotionen sind das wohl größte Hindernis für den Daytrader. Damit der Daytrader profitable Geschäfte abschließen kann, muss er frei von Aufregung sein - er muss sich konzentrieren und darf nicht ständig auf sein Bauchgefühl hören. Der Daytrader muss lernen, wie er seine Emotionen abschaltet. Nur dann, wenn der Daytrader seine Instinkte trainiert und sich nicht ständig von seinen Gefühlen leiten lässt, wird er am Ende erfolgreich bleiben.

Auf der Suche nach dem schnellen Erfolg

Zu Beginn muss sich der Daytrader von den finanziellen Zielen verabschieden. All jene, die sich am Ende des Jahres beim Autohändler sehen, weil sie sich den neuen Mercedes leisten können, werden einem Traum nachjagen, der sich wohl nicht so schnell realisieren lassen wird. Wichtig ist, dass sich der Daytrader tägliche Ziele setzt. Dabei geht es aber nicht ausschließlich um den Gewinn; der Daytrader muss sich auch eine tägliche Verlustgrenze setzen. Hat er die Gewinn- oder Verlustgrenze erreicht, so sollte er den Tag abhaken und keine Positionen mehr eröffnen.

Wissen ist Macht

Wissen ist Macht - ein altes Sprichwort, wobei jeder Buchstabe der Wahrheit entspricht. Nur dann, wenn sich der Daytrader im Vorfeld über die Börse informiert, die verschiedenen Analysetechniken ausprobiert, seine Emotionen in den Hintergrund verdrängt und auch alles unternimmt, damit er am neuesten Stand bleibt, wird er auch erfolgreich werden und am Ende auch bleiben. Wichtig ist, dass der Daytrader, wenn er einmal eine Glückssträhne hat, sich nicht auf seinen Lorbeeren ausruht. Wer denkt, dass er bereits unschlagbar ist, weil er bislang nur Gewinne einfahren konnte, wird relativ schnell auf dem harten Boden der Tatsachen landen. Daytrader können zwar stolz auf sich sein, dürfen aber nie überheblich oder zu siegessicher werden.

Nachrichten sind so wichtig wie nie zuvor

Der Daytrader muss natürlich finanz- und wirtschaftspolitische Meldungen verfolgen und sich natürlich auch im Vorfeld erkundigen, wann interessante und auch wegweisende Geschäftsberichte der jeweiligen Unternehmen präsentiert werden. In weiterer Folge muss er die Handelsstrategie anpassen.

Wenn das Hobby zum Beruf wird

Wer 110 Prozent gibt, sein Hobby liebt und sich immer intensiver mit der Materie befasst, der wird wohl irgendwann einmal mit dem Gedanken spielen, dass er sein Hobby zum Beruf machen kann. Daytrader können hohe Gewinne einfahren, die finanzielle Freiheit erlangen und ein Leben führen, das für den Großteil der Menschen nicht vorstellbar ist. Der Daytrader profitiert von der freien Zeiteinteilung, geht einer Arbeit ohne Vorgesetzten nach und kann daheim bleiben, wenn er Positionen öffnen oder schließen möchte. All jene Vorteile, die Daytrader vor den Augen haben, sorgen natürlich dafür, dass sich immer mehr Hobby-Trader mit der Tatsache befassen, ihre Freizeitbeschäftigung zum Beruf zu machen. Doch der Daytrader muss sich immer bewusst sein, dass es auch Nachteile gibt - Verluste gehören einfach dazu. Tage, an denen gar nichts funktioniert, wird es ebenfalls geben. Zudem haben viele Daytrader auch falsche Erwartungen: Wer schon zu Beginn 200 bis 500 Euro am Tag verdienen will, der kann mitunter schwer enttäuscht sein, wenn am Ende der Woche gerade einmal ein Plus von 60 Euro erzielt werden konnte. Wichtig ist, dass - vor allem zu Beginn - kleinere Ziele in Angriff genommen werden; nur dann, wenn tagtäglich neue Etappensiege folgen, bleibt der Daytrader motiviert. Des Weiteren sollte sich der Daytrader nicht immer nur mit den möglichen Gewinnen befassen. Viel wichtiger ist die Frage, wie viel der Daytrader überhaupt verlieren darf. Es wird Niederlagen geben, die besonders schmerzhaft sein können; Verlustgrenzen müssen eingehalten werden, sodass am Ende nicht wieder das Bauchgefühl in den Mittelpunkt rückt und den Daytrader derart beeinflusst, dass er noch mehr Geld verliert. Auch Slogans, die vermitteln, dass der Daytrader "mindestens 1.000 Euro pro Tag" machen wird, müssen wohl eher in die Kategorie "Märchen" eingeordnet werden. Natürlich wird es gute Tage geben; schlechte Tage, die vielleicht den Gewinn des letzten Tages auffressen, werden aber ebenfalls einmal kommen.

Will der Daytrader sein Hobby zum Beruf machen, so muss er diszipliniert sein, sich mit allen Vor- und Nachteilen befassen und am Ende auch wissen, dass nicht nur die Sonne scheinen kann. Auch wenn die Vorteile wohl überwiegen, so gibt es dennoch ein paar Schattenseiten, die unbedingt berücksichtigt werden müssen. Nur dann, wenn der Daytrader auch die möglichen Gefahren kennt, wird er am Ende auch derart vorbereitet sein, sodass er mit den Rückschlägen auch umgehen kann.

Doch wie kann sich der Daytrader auf Gewinne

und Verluste vorbereiten? Er braucht einen Tradingplan!

Der Daytrader darf die Positionen niemals vergrößern, weil er bereits dokumentierte Verluste ausgleichen möchte. Dieser Fehler, der gerne von Anfängern gemacht wird, kann am Ende das schnelle Ende bedeuten. Aber nicht nur Anfänger lassen sich gerne zu derartigen Aktionen hinreißen; auch erfahrene Daytrader, die mitunter schon mehrere Jahre ihr Geld an der Börse verdienen, begehen hin und wieder so einen schwerwiegenden Fehler. Am Ende will der Daytrader keinen Gewinn mehr erzielen - er will zumindest den Verlust, den er an dem Tag gemacht hat, ausgleichen. Doch die Wahrscheinlichkeit, dass höhere Einsätze dazu führen, dass Verluste ausgeglichen werden, ist gering. Warum? Auch wenn viele Daytrader diese Behauptung abstreiten, so übernehmen die Emotionen die Kontrolle. Der Daytrader geht ein höheres Risiko ein und hofft, dass er den Tag - ganz egal, wie schlecht dieser bislang verlaufen ist - doch noch retten kann. Denn wenn schon den ganzen Tag Verluste eingefahren wurden, so ist es ratsam, wenn er sich an den Plan hält und den Tag abhakt.

Ein weiterer Fehler, den Anfänger gerne machen: Sie eröffnen Positionen, obwohl sie keinen Grund gefunden haben - Trades, die aus Langeweile entstehen oder einfach aus der Laune heraus, führen in der Regel nicht zum Erfolg. Natürlich gibt es ein paar Glückstreffer - diese sind aber die Seltenheit. Wenn der Daytrader keine Signale erkennt, so sollte er auch keine Positionen eröffnen. Mitunter gibt es Tage, an denen gerade einmal eine Position eröffnet wird; vielleicht ist der nächste Tag besser, sodass vier oder fünf Positionen eröffnet und wieder geschlossen werden können. Die Märkte sind, auch das werden die Anfänger relativ schnell verstehen, oft für Überraschungen gut - Entwicklungen können daher nicht immer vorhergesagt werden. Stellt der Daytrader fest, dass es sich scheinbar um einen langweiligen Handelstag handelt, so sollte er sich Zeit für sich selbst nehmen und keinen Gedanken mehr an langweilige Trades verschwenden.

Tag für Tag gibt es zahlreiche Möglichkeiten für die Daytrader. Doch oftmals entscheidet sich der Daytrader zu spät für eine Position; er verpasst den Aufschwung und muss feststellen, dass ihm gerade ein zwei, drei- oder gar vierstelliger Betrag durch die Finger gegangen ist. In weiterer Folge suchen viele Anfänger andere Positionen, die ebenfalls vielversprechend sind. Doch kein Daytrader sollte sich auf diese Suche begeben! Hat man einen Trend verpasst, so sollte man nicht krampfhaft nach neuen Trends suchen - am Ende wird man sicher wieder einmal einen attraktiven Gewinn verbuchen. Vielleicht nicht am selben Tag, aber vielleicht schon am nächsten Tag oder übernächste Woche. Der Daytrader muss auch Geduld haben!

Der Trader ist auch der Risikomanager. Nur dann, wenn alle Vorkehrungen getroffen wurden, kann das Risiko auch tatsächlich reduziert werden. Mit einem geplanten Stop Loss kann ein Totalverlust verhindert werden; sinkt das Wertpapier bis zur angegebenen Verlustgrenze, so wird die Position automatisch geschlossen. Erwirbt der Daytrader 1.000 Aktien für 5,30 und entscheidet sich für einen Stop Loss bei 4,50 Euro, so werden die 1.000 Aktien dann verkauft, wenn der Kurs die Grenze von 4,50 Euro erreicht.

Daytrader, die sich gegen die Stop Loss-Funktion entscheiden, riskieren mitunter auch einen Totalverlust!

Es gibt mehrere Arten, wie der Daytrader ein Vermögen aufbauen kann. Ein Beispiel: Der Daytrader erwirbt 500 Aktien zu 3,20 Euro/Aktie - die Investitionssumme beläuft sich auf 1.600 Euro. Die Position wird bei 5,20 Euro/Aktie geschlossen - der Daytrader darf sich über 2.600 Euro freuen. Abzüglich der Investitionssumme (1.600 Euro) hat der Daytrader einen Gewinn in der Höhe von 1.000 Euro erzielt. Erkennt der Trader in weiterer Folge einen neuen Trend, so kann er mitunter 2.000 Euro investieren - liegt der Aktienpreis bei 6,50 Euro/Aktie, so würde er

307 Wertpapiere bekommen. Steigt der Aktienkurs auf 7,90 Euro/Aktie, würde der Daytrader 2.425,30 Euro erhalten - da er nur 2.000 statt 2.600 Euro investiert hat, verfügt er nun über insgesamt 3.025,30 Euro. Der Reingewinn beläuft sich auf 1.425,30 Euro. Ein Spiel, das - solange der Daytrader immer richtig liegt - fortgesetzt werden kann. Wichtig ist, dass sich der Daytrader selbst die Frage beantwortet, wie hoch sein maximaler Einsatz sein soll - je höher der Einsatz, umso höher das Verlustrisiko, wenn sich der Markt in die andere Richtung bewegt.

Ein weiterer Punkt: Positionen dürfen niemals über Nacht gehalten werden! Märkte, die während den Nachtstunden geschlossen werden, reagieren oft auf Ereignisse, die während der Ruhezeiten eingetreten sind. Katastrophen, internationale Nachrichten oder politische Entscheidungen können die Kurse derart beeinflussen, sodass sie am Morgen nicht mehr mit dem Kurs am Vortag verglichen werden können. Schließt die Position gegen 22.00 Uhr bei 5,00 Euro/Aktie, so können unvorhergesehene Ereignisse dazu führen, dass der Kurs am nächsten Morgen bei 4,10 Euro/Aktie steht. Ganz egal, wie "sicher der Tipp" war - Daytrader müssen die Positionen noch am selben Tag schließen!

Keinesfalls sollte der Daytrader shorten, nur weil ein Preis gestiegen ist; keinesfalls darf der Daytrader long gehen, nur weil der Preis stark gefallen ist. Bevor derartige Aktionen gesetzt werden, muss der Daytrader die technischen Marken überprüfen! "Noch weiter kann der Aktienkurs gar nicht steigen, irgendwann muss es ja in die andere Richtung gehen" - ein Spruch, der gerne von Anfängern getätigt wird. "Schon wieder auf einem roten Feld gelandet? Jetzt landet die Kugel auf dem schwarzen Feld. Anders ist es gar nicht möglich" - auch Roulette-Spieler kennen diese Aussage und wissen, dass es mitunter 20 Mal vorkommen kann, dass die Kugel auf einer roten Zahl landet. Auch Aktienkurse können immer weiter in die Höhe schießen - es gibt, vor allem im Zuge von Trends, keine Begrenzung.

Hat der Daytrader den Tag überstanden, so sollte er sich mit den Gewinnen und Verlusten befassen und die Trades analysieren. Hat er Fehler gemacht? Mit welcher Strategie war er besonders erfolgreich? Wird der Tag analysiert, so kann sich der Daytrader sicher sein, dass er seine Lehren daraus zieht und Fehler, die er am selben Tag gemacht hat, am nächsten Tag nicht mehr wiederholt

Auf der Suche nach dem richtigen Broker

Daytrader müssen natürlich im Vorfeld auch Informationen über Broker einholen - Transaktionsgebühren oder Depotkosten, wie bereits erwähnt, sind immer zu berücksichtigen. Doch das sind nicht die einzigen Punkte, die im Zuge des Brokervergleichs beachtet werden sollten.

Ist der Broker seriös?

Der Daytrader kann eine beachtliche Rendite erzielen, wobei er dafür ein hohes Risiko eingeht - immer dann, wenn Menschen hohe Summen investieren möchten, lockt dieser Umstand auch "schwarze Schafe" an. Der Daytrader sollte zu Beginn darauf achten, dass der Broker eine EU-Lizenz hat, attraktive Konditionen anbietet und sollte im Internet nach Erfahrungsberichten oder nach Bewertungen suchen, die von unabhängigen Portalen vorgenommen wurden.

Das Geschäftsmodell

Es gibt nur wenige Einsteiger, die zu Beginn auch wissen, dass es unterschiedliche Geschäftsmodelle gibt. In der Regel wird zwischen zwei Geschäftsmodellen unterschieden, wobei diese sehr wohl erhebliche Auswirkungen auf den Daytrader haben können. So gibt es Market Maker, die die Kurse selbst stellen. Das heißt, dass sie mit dem Kunden einen direkten Handel eingehen und die unterschiedlichen Kaufs- und Verkaufsangebote unter den Kunden vermitteln. Die Kosten, die in weiterer Folge vom Kunden getragen werden müssen, werden über den sogenannten Spread erhoben. Es gibt keine Kommission zu entrichten. Der Nachteil? Der Broker muss sich natürlich am Markt absichern und auch gegen die eigenen Kunden "wetten"; in weiterer Folge sind Interessenskonflikte vorprogrammiert. Jedoch sind die Einstiegshürden wesentlich geringer; die Spreads können ebenfalls ein Vorteil sein. Zahlreiche Daytrader entscheiden sich aber gegen Market Maker und für STP- oder ECN-Broker. ECN- oder STP-Broker stellen keine eigenen Kurse - die Orders werden in weiterer Folge ohne Dealing Desk weitergeleitet. Interessenskonflikte sind nicht möglich; zu beachten sind geringere Spreads. STP- und ECN-Broker eignen sich vor allem für fortgeschrittene Daytrader.

Kurse und Performance

Der Daytrader muss schnell reagieren und braucht daher einen Broker, der auch eine schnelle Verarbeitung bietet. Am Ende können bereits Sekunden über Gewinn und Verlust entscheiden! Wichtig ist, dass der Broker Realtime-

Kurse zur Verfügung stellt; der Daytrader hat nämlich keinen Vorteil, wenn die Kurse zeitverzögert angezeigt werden. Broker, die die Kurse mit einer 15-minütigen Verzögerung anzeigen, sollten von Daytradern unbedingt vermieden werden. Einige Broker bieten zwar Realtime-Kurse an, stellen jedoch Gebühren in Rechnung, wenn diese vom Daytrader genutzt werden. Auch derartige Anbieter können nicht empfohlen werden. Des Weiteren müssen Handelsplattform und Software auch das Daytrading möglich machen. Das bedeutet, dass die Orders auch unverzüglich abgewickelt werden. Bevor sich der Daytrader also für einen Broker entscheidet, sollte er sich auch über anfallende Ladezeiten informieren.

Transaktionsgebühren und Depotkosten

Der Daytrader eröffnet mehrere Positionen pro Tag - zu beachten ist, dass jede Position, die der Daytrader eröffnet und wieder schließt, Gebühren verursacht. Aus diesem Grund ist es für den Daytrader besonders wichtig, dass er beim Brokervergleich die Transaktionsgebühren vergleicht. Schlussendlich haben die Kosten, die für jeden Trade entstehen, einen Einfluss auf den tatsächlichen Gewinn. Auch Depotkosten sollten, so gut es geht, vermieden werden. Es gibt bereits zahlreiche Broker, die kostenfreie Depots zur Verfügung stellen.

Beispiel: Werden für die Positionseröffnung 5,90 Euro und für das Schließen der Position ebenfalls 5,90 Euro berechnet, so entstehen Kosten in der Höhe von 11,80 Euro. Macht der Daytrader einen Gewinn in der Höhe vn 9,70 Euro, so muss er am Ende einen Verlust in der Höhe von 2,10 Euro verbuchen. Steigt der Gewinn auf 34 Euro, so hat er einen Nettogewinn in der Höhe von 22,20 Euro erzielt.

Welche Handelsarten stehen zur Verfügung?

Wer sich nur für Majors im Forex interessiert, der wird wohl keine Probleme haben, am Ende den passenden Broker zu finden. Wer sich jedoch für den außereuropäischen Handel oder sich vorwiegend für exotische Basiswerte interessiert, der sollte im Vorfeld genau überprüfen, ob der Broker derartige Handelsarten anbietet. Zu beachten sind auch hier - wie bereits erwähnt - die Gebühren. Sehr wohl gibt es ein paar Broker, die erhöhte Gebühren in Rechnung stellen, wenn sich der Trader für außergewöhnliche Handelsarten interessiert.

Der Kundendienst

Der Daytrader hat keine Zeit. Sekunden können über Verlust und Gewinn entscheiden. Genau deshalb ist auch wichtig, dass er den Kundenservice so schnell wie möglich erreichen kann. Wichtig ist, dass der Broker kostenlose Kontaktmöglichkeiten anbietet - so etwa eine gebührenfreie Hotline oder auch einen kostenlosen Live-Chat.

Das Demokonto

Anfänger, die sich für das Daytrading interessieren, sollten nicht sofort ihr Geld aufs Spiel setzen. Viele Broker bieten kostenlose Demokonten an - hier kann der Daytrader einmal ausprobieren, ob er bereits Trends erkennt oder ob seine gewählte Strategie auch zum Erfolg führt. Doch Demokonten werden nicht nur von Anfängern genutzt: Profis, die mitunter schon seit Jahren ihr Geld als Daytrader verdienen, probieren immer wieder neue Strategien aus und greifen im Zuge der Tests auch gerne auf Demokonten zurück.

Das Fazit

Am Ende geht es nicht um die Maximierung des möglichen Gewinns - es geht immer nur um die Begrenzung des möglichen Verlusts. Daytrader, die ihr Hobby zum Beruf gemacht haben oder sich ein langfristiges Vermögen aufbauen möchten, werden immer wieder feststellen, dass die Märkte für Überraschungen gut sind. An einem Tag gibt es hohe Gewinne, am nächsten Tag könnte man der Meinung sein, von Daytrading keine Ahnung zu haben. Doch ganz egal, wie die Sache am Ende ausgehen mag, sollten im Vorfeld verschiedene Vorkehrungen getroffen werden, sodass zumindest die typischen Anfängerfehler vermieden werden können.

Der Daytrader sollte sich das notwendige Wissen aneignen: Daytrader müssen zuerst einmal verstehen, warum Aktienkurse nach oben gehen oder fallen können; gleichzeitig ist es auch wichtig, dass die Daytrader auch die Bedeutung der zahlreichen Begriffe kennen. Nur dann, wenn man sich mit der Materie befasst hat, wird man auch richtige Entscheidungen treffen können.

Der Daytrader muss das Risiko senken: Hohe Gewinnchancen sind immer verlockend, doch hohe Gewinnchancen bedeuten auch, dass ein nicht zu unterschätzendes Risiko besteht. Das

Ziel eines jeden Daytraders? Die Minimierung des Risikos.

The trend is your friend: Diese Weisheit, die schon ein paar Jahrzehnte alt ist, wird Daytrader tagtäglich begleiten - wichtig ist nur, dass der Daytrader Trends erkennt, rechtzeitig einsteigt und auch darauf achtet, dass er die Position wieder rechtzeitig schließt.

Der Broker: Auch die Wahl des Brokers muss gut durchdacht sein - weil Daytrader mehrere Positionen am Tag eröffnen und wieder schließen, sind auch die Gebühren, die im Zuge der Trades anfallen, unbedingt zu berücksichtigen.

Weitere Bücher der Investment Academy

Unsere neue Serie: "Börse & Finanzen"

Entdecken Sie noch heute unsere umfangreiche Serie zum Thema Aktien, Wirtschaft und Finanzen.

Band 1 - Aktien für Beginner

Band 2 - ETF für Beginner

Band 3 - Daytrading für Beginner

Band 4 - Geld Veranlagen für Beginner

Band 5 - Bitcoin für Beginner

Band 6 - Kryptowährungsinvestment für Beginner

Über die Autoren

Heutzutage suchen die Anleger nach Alternativen. Ob Sparbuch, Festgeldanlage oder Tagesgeldkonto - all jene Veranlagungsformen führen nicht mehr zum gewünschten Erfolg. Selbst die beliebte Lebensversicherung, die vor Jahren noch die Nummer 1 war, wenn man sein Geld anlegen wollte, bringt heutzutage kaum noch Gewinne. Doch alternative Veranlagungsformen werden kaum von Bankberatern empfohlen; zudem fehlen den Anlegern auch die notwendigen Informationen, sodass es mitunter gefährlich sein kann, wenn Sie auf das Bauchgefühl vertrauen. Aufgrund der Tatsache, dass sich viele Veranlagungsformen vom Markt beeinflussen lassen, muss der Anleger also auch wissen, welche Faktoren mitunter verantwortlich sind, die am Ende über Gewinn oder Verlust entscheiden. Genau hier kommt die "Investment Academy" ins Spiel: Die "Investment Academy" ist ein Zusammenschluss mehrerer Autoren, die Ratgeber verfassen, sodass die Anleger Informationen erhalten, wenn Sie sich für alternative Veranlagungsformen entscheiden. Die Bandbreite ist groß; ob Kryptowährungen, Aktien, ETF-Fonds oder auch Immobilien - es gibt zahlreiche alternative Veranlagungsformen, die von den Autoren der "Investment Academy" behandelt werden.

Natürlich handelt es sich bei den Autoren der

"Investment Academy" um keine Laien. Die Ratgeber werden von erfolgreichen Anlegern verfasst, die selbst sich natürlich auch selbst mit den unterschiedlichsten Themen beschäftigt haben.

Die Ratgeber der "Investment Academy" sollen vor allem Anfänger ansprechen. Die Autoren verzichten auf komplizierte Fachbegriffe und versuchen, so gut wie möglich, eine Schritt-für-Schritt-Anleitung zu geben, wie das Geld einerseits angelegt und andererseits vermehrt werden kann. In den Ratgebern der "Investment Academy" finden sich aber nicht nur positive Informationen oder Hinweise, dass - mit der richtigen Strategie - jede Veranlagung zum Erfolg führt. Selbstverständlich weisen die Autoren auch auf die möglichen Gefahren hin. Jede Veranlagungsform, ob Aktien, Anleihen oder Immobilien, hat Vor- und Nachteile; der Anleger kann, wenn er das Risiko unterschätzt, sehr wohl Geld verlieren. In den Ratgebern der "Investment Academy" finden sich deswegen auch Tipps und Tricks, wie Gefahren reduziert werden können.

All jene, die ihr Geld in alternative Veranlagungsformen investieren möchten, sollten sich daher mit den Ratgebern der "Investment Academy" befassen. Nur dann, wenn im Vorfeld auch Informationen eingeholt werden, kann die Anlage auch zum Erfolg führen.

www.ingramcontent.com/pod-product-compliance
Lightning Source LLC
LaVergne TN
LVHW021335080526
838202LV00004B/182